Índice de contenidos

JavaCC

- El JavaCC (Java Compiler Compiler) es un generador de analizadores (parsers) libre para el lenguaje de programación de Java

- La salida generada es código Java.

- Propiedad de Sun Microsystems

- Una de las herramientas para la generación de analizadores más utilizada en Java.

¿Cómo funciona?

- Analiza un fichero de entrada que contiene la descripción de la **gramática** (Especificación léxica y sintáctica)

- Genera de manera automática un conjunto de clases Java que contienen el analizador **léxico y sintáctico** de la gramática especificada.

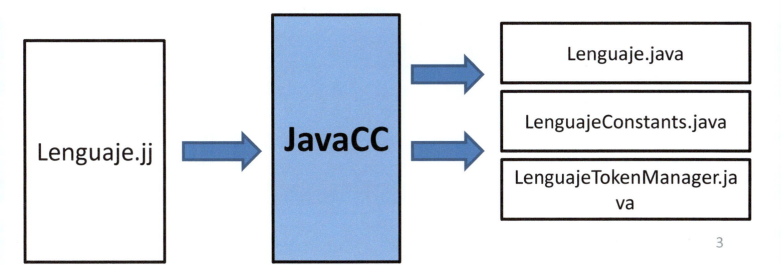

Analizador léxico

- **¿Qué hace?**

  - Descompone la cadena en "Tokens". Unidades mínimas de la gramática (componentes lexicos).

  - Los tokens sirven para una posterior etapa.

Analizador sintáctico

- **¿Qué hace?**

    - Solicita al analizador léxico los tokens necesarios para llevar a cabo el análisis sintáctico.

    - Analiza la posición de los tokens, si no es correcta produce un error.

    - Convierte los tokens en una estructuras de datos internas ,normalmente arboles (jerarquía)

JavaCC

- La especificación léxica se basa en expresiones regulares y la especificación sintáctica esta basada e **EBNF**.

- **EBNF** Extended Backus–Naur Form
  - Es una extensión de BNF
  - Notación formal para definir la sintaxis de un lenguaje
  - Usada por varios lenguajes de programación

‹numero› ::= ‹signo›? ‹digito›+

‹signo› ::= + | -

‹digito› ::= 0 | 1 | 2 | 3 | 4 | 5 | 6 ...

JavaCC

- No comprende el aspecto **semántico** del lenguaje.

JavaCC

- Incluye muchas gramáticas a modo de ejemplo, además pueden descargarse gramáticas JavaCC de diversos sitios Web.

  http://javacc.java.net/doc/javaccgrm.html

- Plugin para Eclipse
  http://sourceforge.net/projects/eclipse-javacc/

- Repositorio oficial de JavaCC
  http://javacc.java.net/

Componentes

- **javacc:** generador de analizadores léxicos y sintácticos Java.

- **jjdoc:** productor de documentación, permite generar de manera automática la documentación de la gramática en formato HTML

- **jjtree**: preprocesador de apoyo para tareas semánticas, permite generar automáticamente arboles sintácticos

Plugin de JavaCC

- Instalamos el plugin de manera local :
  Descomprimiendo los archivos en la carpeta
  /plugins/ y /features/ del eclipse
   http://sourceforge.net/projects/eclipse-javacc/

- Una vez instalado el plugin reiniciamos el Eclipse y
  creamos un nuevo proyecto vacio Java
  "MiniLenguaje"

Proyecto con JavaCC

- Comprobamos que se nos permite crear archivos "JavaCC Template File" .

- Si es así el Plugin esta correctamente instalado

Mini Lenguaje

- A lo largo de este tema apoyaremos la base teórica con el desarrollo de un analizador para un Lenguaje propio.

```
1   Clase identificador1 {
2
3       metodo metodo1 {
4
5           entero mi_entero = 44 ;
6           decimal mi_decimal = 4.4;
7
8       }
9
10      metodo metodo2 {
11
12          entero mi_entero2 = -5 ;
13
14      }
15  }
```

MinLenguaje 1.0

Mini Lenguaje

- JavaCC no esta concebido para desarrollar analizadores que formen parte de compiladores comerciales.

- Comúnmente se utiliza para desarrollar analizadores que forman parte de aplicaciones Java o aplicaciones Web.

- Se ha seleccionado una especificación de un lenguaje similar a java por dotar al ejemplo de cierto grado de familiaridad

Mini Lenguaje – Nuevo Proyecto

- En el proyecto Java vacío "**MiniLenguaje**"

- Agregamos a la capeta /src/ del proyecto un fichero de tipo
  JavaCC Template File

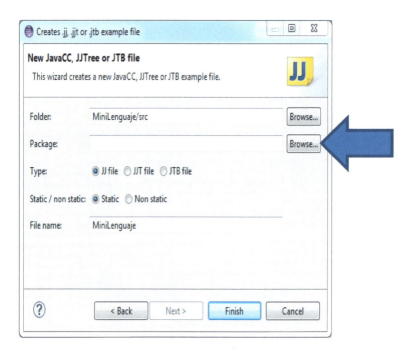

Java CC Template File

- Eliminamos todo el contenido del fichero **MiniLenguaje.jj**

- Una especificación para el generador Java CC suele estar divida en 4 secciones:

Opciones

Identificación

Lexicografía

Sintaxis

Opciones - Java CC Template File

Opciones

Identificación

Lexicografía

Sintaxis

Opciones - Java CC Template File

- Si decidimos incluir la **sección de Opciones** esta tiene que ser obligatoriamente la primera

- Permite la configuración avanzada de algunas de las características del generador de JavaCC

- Se modifican aspectos que condicionan el funcionamiento de los analizadores generados

- Cada opción disponible ya tiene un valor por defecto aunque no haya sido incluida en la plantilla

Opciones - Java CC Template File

- Algunas opciones son:

Opción	Descripción	Def
Ignore_Case	El texto analizado ha de distinguirse o no entre letras minúsculas y mayúsculas	false
Build_Parser	Genera el analizador sintáctico	true
Build_Token_Manager	Genera el analizador lexicográfico	true
Error_Reporting	Los mensajes de error del analizador generado son explicativos	true
Debug_Parser	Genera código para hacer una traza de la tarea realizada por el analizador generado	false
Static	Los métodos de código Java que forman parte de los analizadores son estáticos	true

Opciones - Java CC Template File

- En el caso del lenguaje que vamos a desarrollar utilizaremos las opciones por defecto de JavaCC por lo que no sería necesario incluir la sección **options**.

Identificación - Java CC Template File

Opciones
Identificación
Lexicografía
Sintaxis

Identificación - Java CC Template File

- La sección se delimita con las etiquetas
  - PARSER_BEGIN(nombre_de_la_especificación)
  - PARSER_END(nombre_de_la_especificación)

- El nombre que le asignamos a la especificación no tiene porque coincidir con el del fichero .jj

- El nombre asignado se utilizará para nombrar los ficheros auto-generados

Identificación - Java CC Template File

- Es obligatorio incluir una clase Java con el nombre de la especificación

- Lo más común es incluir un método main como punto de entrada (aunque no es obligatorio)

```
PARSER_BEGIN(MiniLenguaje)

class MiniLenguaje
  {

    public static void main(String args []) throws ParseException
    {

    }
  }

  PARSER_END(MiniLenguaje)
```

Identificación - Java CC Template File

- En este caso invocaremos al analizador léxico-sintáctico desde el método main.

  - Creamos el objeto analizador, MiniLenguaje, le asignamos como entrada la entrada de la consola (System.in)

  - Invocamos el método **Programa()** que estará asociado al símbolo inicial de la gramática (*Lo implementaremos más adelante*)

  - Añadimos una notificación para comprobar que la ejecución fue correcta

```
class MiniLenguaje
  {
  public static void main(String args []) throws ParseException
    {
      MiniLenguaje analizador = new MiniLenguaje(System.in);
      analizador.Programa();
      System.out.println("Analizado correctamente");
    }
  }
```

23

Identificación - Java CC Template File

- Control de excepciones
  - En muchas ocasiones puede resultar útil
  - Incluyen mensajes con información relevante

```java
class MiniLenguaje
{
  public static void main(String args [])
  {
    try
    {
      MiniLenguaje analizador = new MiniLenguaje(System.in);
      analizador.Programa();
      System.out.println("Analizado correctamente");
    }
    catch (ParseException e)
    {
      System.out.println("Error: "+e.getMessage());
    }
  }
}
```

Lexicografía - Java CC Template File

Opciones

Identificación

Lexicografía

Sintaxis

Lexicografía - Java CC Template File

- **Analizador de léxico:**

  - Descompone la cadena en "Tokens". Unidades mínimas de la gramática.

  - Desecha los espacios, saltos de línea, comentarios etc.

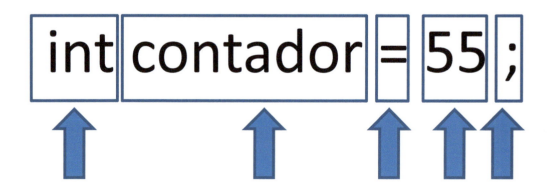

Lexicografía - Java CC Template File

- **En la sección de lexicografía de la plantilla JavaCC:**

  - Se definen los tokens del lenguaje, aplicando expresiones regulares y literales.

  - Las definiciones de los tokens pueden hacerse en cualquier orden.

  - Se recomienda agrupar los tokens <u>para que el léxico este lo más claro posible.</u>

Expresiones regulares - JavaCC

- Se utilizan para definir la lexicografía y la sintaxis.

- Similares al resto de expresiones regulares usadas en otros lenguajes de programación (C#)

- **Varían en algunos detalles**

  - No admite varias de los metacaracteres de las ER en .Net : **\d \D \s \W \w \b \B .**

Expresiones regulares - JavaCC

- Los caracteres y dígitos deben de aparecer entrecomillados
  [0-9] ->["0"-"9"]   \t | \n -> "\t" | "\n"
  [a-z] ->["a"-"z"]   hola -> "hola"

- Las expresiones sobre las que se apliquen los operadores de repetición / opcionalidad (* + ?) deben de ir entre paréntesis
  [0-9]* ->(["0"-"9"])*   a? -> ("a")?

- Pueden unirse elementos de un conjunto utilizando el metacarácter ","
  [azf] -> ["a", "z", "f"]   [a-zA-Z] ->["a"-"z", "A" - "Z"]

- Para referirse a los elementos que no pertenecen a un conjunto se utiliza el metacarácter ~ delante del conjunto
  [^a] -> ~["a"]   [^\n\r] -> ~["\n", "\r"]

Lexicografía - Java CC Template File

- Especificación de las características lexicográficas del lenguaje

  - Todos los tokens 'palabras' del lenguaje

  - Los caracteres separadores (espacios, saltos de línea, etc)
    SKIP - escape

Lexicografía - Java CC Template File

- Dispone de 4 tipos de descripciones

  - **<u>TOKEN</u>** : secuencia de caracteres que conforma un token, una pieza mínima del lenguaje.

  - **<u>SKIP</u>** : secuencia de caracteres que han de "saltarse" en el análisis, normalmente son los separadores <u>y comentarios.</u>

  - **MORE:** secuencia de caracteres que actuarán como prefijos de otras cadenas.

  - **SPECIAL_TOKEN** : secuencia de caracteres que conforman un token que no participará en el analizador.

Lexicografía - Java CC Template File

- Declaraciones lexicográficas:

Después del PARSER

```
PARSER_END(MiniLenguaje)


TOKEN :
{
    < CLASE : "Clase" >
    {
    System.out.println("CLASE");
    }
}
```

Nombre del Token

Expresión regular

Código Java a ejecutar cuando se encuentra la coincidencia

Lexicografía - Java CC Template File

- Los tokens suelen agruparse por categorías (Para facilitar la comprensión y el mantenimiento del analizador)

- Dentro de una etiqueta TOKEN puede haber varias definiciones separas por "|"

```
TOKEN : /* CLASE y METODO */
{
  < CLASE : "Clase" >
  {
    System.out.println("CLASE");
  }
| < METODO : "metodo" >
  {
    System.out.println("METODO");
  }
}
```

```
TOKEN : /* Agrupaciones */
{
  < LLAVE_IZQ : "{" >
  {
    System.out.println("LLAVE_IZQ");
  }
| < LLAVE_DER : "}" >
  {
    System.out.println("LLAVE_DER ");
  }
}
```

Lexicografía - Java CC Template File

- Declaraciones lexicográficas:

```
SKIP :
{
   " " | "\r" | "\t" | "\n"
}
```

Expresión regular

Lexicografía - Java CC Template File

- **Tokens del lenguaje**

```
1   Clase identificador1
2
3       metodo metodo1 {
4
5           entero mi_entero = 44 ;
6           decimal mi_decimal = 4.4;
7
8       }
9
10      metodo metodo2 {
11
12          entero mi_entero2 = -5 ;
13
14      }
15  }
```

MinLenguaje 1.0

Lexicografía - Java CC Template File

- **Tokens del lenguaje**

```
 1   Clase identificador1 {
 2
 3       metodo metodo1 {
 4
 5           entero mi_entero = 44 ;
 6           decimal mi_decimal = 4.4;
 7
 8       }
 9
10       metodo metodo2 {
11
12           entero mi_entero2 = -5 ;
13
14       }
15   }
```

Declaración de Clase

Lexicografía - Java CC Template File

- **Declaración de clase**

```
TOKEN : /* CLASE */
{
  < CLASE : "Clase" >
  {
    System.out.println("CLASE");
  }
}
```

Lexicografía - Java CC Template File

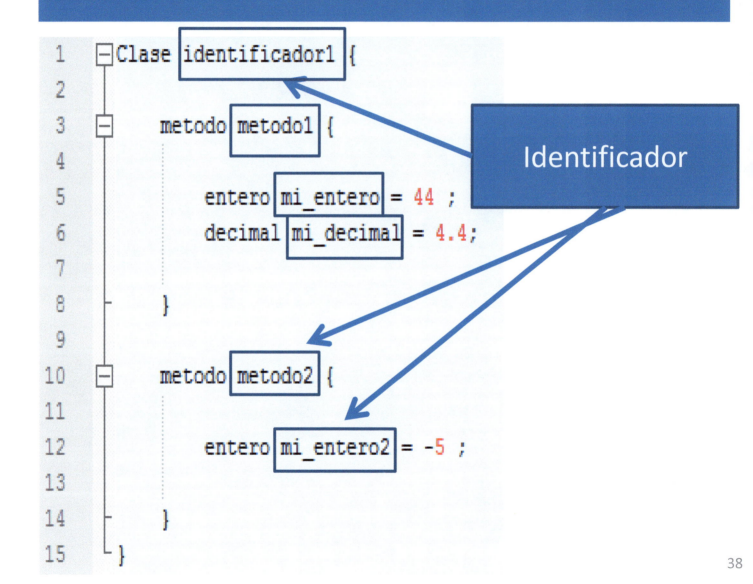

```
1     Clase identificador1 {
2
3         metodo metodo1 {
4
5             entero mi_entero = 44 ;
6             decimal mi_decimal = 4.4;
7
8         }
9
10        metodo metodo2 {
11
12            entero mi_entero2 = -5 ;
13
14        }
15    }
```

Identificador

Lexicografía - Java CC Template File

- **Identificador**

```
TOKEN : /* VALORES */
{
  < IDENTIFICADOR : ([ "a"-"z", "A"-"Z", "_", "0"-"9" ])+ >
  {
    System.out.println("IDENTIFICADOR");
  }
}
```

Patrón para un identificador

Lexicografía - Java CC Template File

```
1   Clase identificador1 {
2
3        metodo metodo1 {
4
5            entero mi_entero = 44 ;
6            decimal mi_decimal = 4.4;
7
8        }
9
10       metodo metodo2 {
11
12           entero mi_entero2 = -5 ;
13
14       }
15   }
```

Llave Izquierda

Lexicografía - Java CC Template File

```
1    Clase identificador1 {
2
3        metodo metodo1 {
4
5            entero mi_entero = 44 ;
6            decimal mi_decimal = 4.4;
7
8        }
9
10       metodo metodo2 {
11
12           entero mi_entero2 = -5 ;
13
14       }
15   }
```

Llave izquierda

Lexicografía - Java CC Template File

- **Llave derecha y llave izquierda**

```
TOKEN : /* Agrupaciones. */
{
  < LLAVE_IZQ : "{" >
  {
    System.out.println("LLAVE_IZQ");
  }
| < LLAVE_DER : "}" >
  {
    System.out.println("LLAVE_DER ");
  }
}
```

Lexicografía - Java CC Template File

```
1    ┌─Clase identificador1 {
2    │
3    ├─    metodo metodo1 {
4    │
5    │         entero mi_entero = 44 ;
6    │         decimal mi_decimal = 4.4;
7    │
8    ├─    }
9    │
10   ├─    metodo metodo2 {
11   │
12   │         entero mi_entero2 = -5 ;
13   │
14   ├─    }
15   └─}
```

Declaración de un método

43

Lexicografía - Java CC Template File

- **Declaración de un método**

```
TOKEN : /* CLASE y METODO */
{
  < CLASE : "Clase" >
  {
    System.out.println("CLASE");
  }
| < METODO : "metodo" >
  {
    System.out.println("METODO");
  }
}
```

Lexicografía - Java CC Template File

```
1   Clase identificador1 {
2
3       metodo metodo1 {
4
5           entero mi_entero = 44 ;
6           decimal mi_decimal = 4.4;
7
8       }
9
10      metodo metodo2 {
11
12          entero mi_entero2 = -5 ;
13
14      }
15  }
```

Tipo de dato "entero"

45

Lexicografía - Java CC Template File

- **Tipo de dato entero**

```
TOKEN : /* TIPOS DE DATOS */
{
    < ENTERO : "entero" >
    {
        System.out.println("ENTERO");
    }
}
```

Lexicografía - Java CC Template File

```
1    Clase identificador1 {
2
3        metodo metodo1 {
4
5            entero mi_entero = 44 ;
6            decimal mi_decimal = 4.4;
7
8        }
9
10       metodo metodo2 {
11
12           entero mi_entero2 = -5 ;
13
14       }
15   }
```

Asignación

Lexicografía - Java CC Template File

- **Asignación**

```
TOKEN : /* operadores */
{
  < ASIGNACION : "=" >
  {
    System.out.println("ASIGNACION");
  }
}
```

Lexicografía - Java CC Template File

```
1    Clase identificador1 {
2
3        metodo metodo1 {
4
5            entero mi_entero = 44 ;
6            decimal mi_decimal = 4.4;
7
8        }
9
10       metodo metodo2 {
11
12           entero mi_entero2 = -5 ;
13
14       }
15   }
```

Valor entero

Lexicografía - Java CC Template File

- **Valor entero**

```
TOKEN : /* VALORES */
{
  < VALOR_ENTERO : ("-")? (["0"-"9"])+ >
  {
    System.out.println("VALOR_ENTERO");
  }
| < IDENTIFICADOR : ([ "a"-"z" , "A" - "Z" , "_" , "0" - "9"])+ >
  {
    System.out.println("IDENTIFICADOR");
  }
}
```

Lexicografía - Java CC Template File

```
1    Clase identificador1 {
2
3        metodo metodo1 {
4
5            entero mi_entero = 44 ;
6            decimal mi_decimal = 4.4;
7
8        }
9
10       metodo metodo2 {
11
12           entero mi_entero2 = -5 ;
13
14       }
15   }
```

Fin de sentencia

51

Lexicografía - Java CC Template File

- **Fin de sentencia**

```
TOKEN : /* operadores */
{
  < ASIGNACION : "=" >
  {
    System.out.println("ASIGNACION");
  }
|
  < FIN_SENTENCIA : ";" >
  {
    System.out.println("FIN_SENTENCIA");
  }
}
```

Lexicografía - Java CC Template File

```
1   Clase identificador1 {
2
3       metodo metodo1 {
4
5           entero mi_entero = 44 ;
6           decimal mi_decimal = 4.4;
7
8       }
9
10      metodo metodo2 {
11
12          entero mi_entero2 = -5 ;
13
14      }
15  }
```

Tipo de dato "decimal"

53

Lexicografía - Java CC Template File

- **Tipo de dato decimal**

```
TOKEN : /* TIPOS DE DATOS */
{
  < ENTERO : "entero" >
  {
    System.out.println("ENTERO");
  }
| < DECIMAL : "decimal" >
  {
    System.out.println("DECIMAL");
  }
}
```

Lexicografía - Java CC Template File

```
1    Clase identificador1 {
2
3        metodo metodo1 {
4
5            entero mi_entero = 44 ;
6            decimal mi_decimal = 4.4 ;
7
8        }
9
10       metodo metodo2 {
11
12           entero mi_entero2 = -5 ;
13
14       }
15   }
```

Valor "decimal"

55

Lexicografía - Java CC Template File

- **Valor decimal**

```
TOKEN : /* VALORES */
{
  < VALOR_ENTERO : ("-")? (["0"-"9"])+ >
  {
    System.out.println("VALOR_ENTERO");
  }
| < VALOR_DECIMAL : ("-")? ([ "0"-"9" ])+ "." ([ "0"-"9" ])+ >
  {
    System.out.println("VALOR_DECIMAL");
  }
| < IDENTIFICADOR : ([ "a"-"z" , "A" - "Z" , "_" , "0" - "9"])+ >
  {
    System.out.println("IDENTIFICADOR");
  }
}
```

56

Lexicografía - Java CC Template File

```
1   Clase identificador1 {
2
3       metodo metodo1 {
4
5           entero mi_entero = 44 ;
6           decimal mi_decimal = 4.4;
7
8       }
9
10      metodo metodo2 {
11
12          entero mi_entero2 = -5 ;
13
14      }
15  }
```

```
SKIP :
{
    " "
|   "\r"
|   "\t"
|   "\n"
}
```

SKIP

Lexicografía - Java CC Template File

- En este momento ya tenemos el Léxico del lenguaje declarado:

    - \<CLASE\>
    - \<METODO\>

    - \<LLAVE_IZQ\>
    - \<LLAVE_DER\>

    - \<ENTERO\>
    - \<DECIMAL\>

    - \<VALOR_ENTERO\>
    - \<VALOR_DECIMAL\>
    - \<IDENTIFICADOR\>

    - \<ASIGNACION\>
    - \<FIN_SENTENCIA\>

Importante*
El orden de definición de los Tokens

Posibles ambigüedades
Una cadena puede ser dos Tokens diferentes

58

Lexicografía - Java CC Template File

- **Ejemplo:** Orden de definición de los tokens

  Procesando la palabra "entero"...

- <CLASE> **NO!**
- <METODO> **NO!**
- <LLAVE_IZQ> **NO!**
- <LLAVE_DER> **NO!**
- **<IDENTIFICADOR>** S
- <ENTERO>
- <DECIMAL>
- <VALOR_ENTERO>
- <VALOR_DECIMAL>
- ...

| entero |contador = 55;

Pero...¿Nos interesa que **entero** sea un identificador?

Lexicografía - Java CC Template File

- En este momento ya tenemos el Léxico del lenguaje declarado:

  - <CLASE>
  - <METODO>

  - <LLAVE_IZQ>
  - <LLAVE_DER>

  - <ENTERO>
  - <DECIMAL>

  - <VALOR_ENTERO>
  - <VALOR_DECIMAL>
  - <IDENTIFICADOR>

  - <ASIGNACION>
  - <FIN_SENTENCIA>

Sintaxis - Java CC Template File

Opciones

Identificación

Lexicografía

Sintaxis

Sintaxis - Java CC Template File

- **Analizador sintáctico**
    - Es el núcleo del analizador, alrededor de el funciona el analizador léxico y el analizador semántico (en caso de que lo haya)

    - Solicita al analizador léxico los tokens necesarios para llevar a cabo el análisis sintáctico.

    - Analiza la estructura de la cadena, si no es correcta produce un error

int contador = 55 ;   = int 55 ;
[tipo] [id] [asig] [val] [fin]   [asig] [tipo] [val] [fin]

Sintaxis - Java CC Template File

- **En la sección de sintaxis de la plantilla JavaCC**

  - Se declaran las reglas de las producciones sintácticas

  - Producción sintáctica - Alternativas

Sintaxis - Java CC Template File

- Producciones sintácticas

- Especificación propia de JavaCC Basada en EBNF
  http://en.wikipedia.org/wiki/Extended_Backus%E2%80%93Naur_Form

- Definición de símbolo no terminal

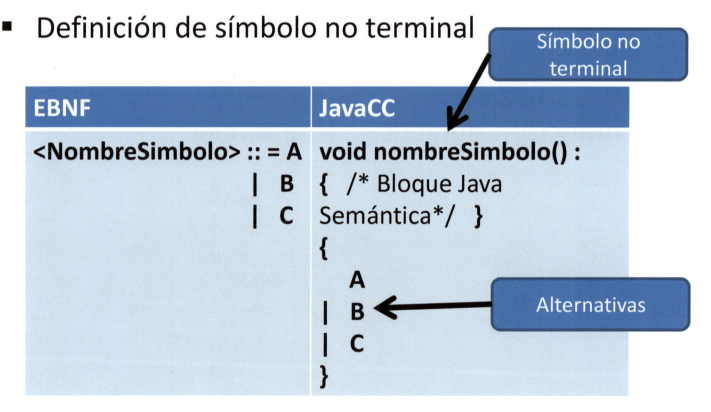

EBNF	JavaCC

<NombreSimbolo> :: = A
| B
| C
	void nombreSimbolo() :
	{ /* Bloque Java
	Semántica*/ }
	{
	   A
	| B
	| C
	}

Símbolo no terminal

Alternativas

Sintaxis - Java CC Template File

- **¿Qué es un símbolo terminal?**

- Los **símbolos terminales** son las piezas sintácticas de la gramática (en nuestro caso los Tokens)

  - Pieza sintáctica **nominal**: un token
    <NOMBRE_TOKEN>

  - Pieza sintáctica **anónima**: una expresión regular o literal "("

Sintaxis - Java CC Template File

- Las alternativas suelen estar compuestas de símbolos
  terminales / no terminales / expresiones regulares.

```
⊖ void sentencia() :
  {
  }
  {
➡  < ENTERO > < IDENTIFICADOR > < ASIGNACION > < VALOR_ENTERO > < FIN_SENTENCIA >
  |
➡  < DECIMAL > < IDENTIFICADOR > < ASIGNACION > < VALOR_DECIMAL > < FIN_SENTENCIA >
  }

⊖ void metodos() :
  {
  }
  {
➡  < METODO >< IDENTIFICADOR >
    < LLAVE_IZQ >(sentencia())* < LLAVE_DER >
  }
```

Sintaxis - Java CC Template File

- Procederemos a definir a modo de ejemplo varias reglas de producción muy simples para el MiniLenguaje 1.0

- Los lenguajes de programación comerciales aplican reglas de producción y arboles sintácticos mucho mas complejos

BNF Index of JAVA language grammar:

http://cui.unige.ch/db-research/Enseignement/analyseinfo/JAVA/BNFindex.html

Sintaxis - Java CC Template File

```
1    Clase identificador
2
3        metodo metodo1
4
5            entero mi_entero = 44 ;
6            decimal mi_decimal = 4.4;
7
8        }
9
10       metodo metodo2 {
11
12           entero mi_entero2 = -5 ;
13
14       }
15   }
```

MiniLenguaje 1.0

Sentencia

Sintaxis - Java CC Template File

- **Sentencia (Entero)**

```
void sentencia() :
{
}
{
   < ENTERO > < IDENTIFICADOR > < ASIGNACION > < VALOR_ENTERO > < FIN_SENTENCIA >
}
```

Sintaxis - Java CC Template File

```
1    Clase identificador1 {
2
3        metodo metodo1 {
4
5            entero mi_entero = 44 ;
6            decimal mi_decimal = 4.4;
7
8        }
9
10       metodo metodo2 {
11
12           entero mi_entero2 = -5 ;
13
14       }
15   }
```

MiniLenguaje 1.0

¿ Solo hay un tipo de sentencia?

Sentencia

70

Sintaxis - Java CC Template File

- **Sentencia (Decimal)**

```
void sentencia() :
{
}
{
  < ENTERO > < IDENTIFICADOR > < ASIGNACION > < VALOR_ENTERO > < FIN_SENTENCIA >
  |
  < DECIMAL > < IDENTIFICADOR > < ASIGNACION > < VALOR_DECIMAL > < FIN_SENTENCIA >
}
```

Sintaxis - Java CC Template File

```
1   Clase identificador1 {
2
3       metodo metodo1 {
4
5           entero mi_entero = 44 ;
6           decimal mi_decimal = 4.4;
7
8       }
9
10      metodo metodo2 {
11
12          entero mi_entero2 = -5 ;
13
14      }
15  }
```

MiniLenguaje 1.0

Método

*

Sentencia

Sintaxis - Java CC Template File

- **Método**

```
void metodo() :
{
}
{
   < METODO >< IDENTIFICADOR >
   < LLAVE_IZQ >(sentencia())* < LLAVE_DER >
}
```

Sintaxis - Java CC Template File

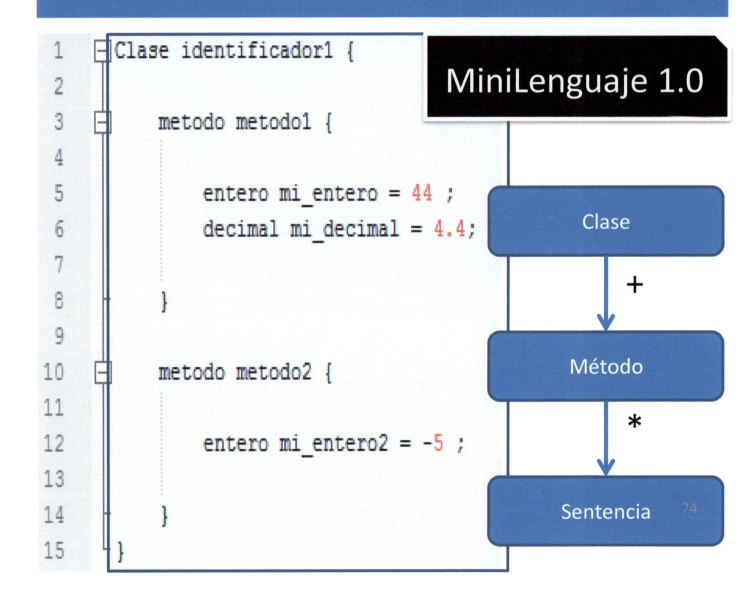

```
1    Clase identificador1 {
2
3        metodo metodo1 {
4
5            entero mi_entero = 44 ;
6            decimal mi_decimal = 4.4;
7
8        }
9
10       metodo metodo2 {
11
12           entero mi_entero2 = -5 ;
13
14       }
15   }
```

MiniLenguaje 1.0

Clase

+

Método

*

Sentencia

74

Sintaxis - Java CC Template File

- **Clase / programa ->** Sera nuestro punto de entrada para el análisis.

```
void programa() :
{
}
{
  < CLASE > < IDENTIFICADOR >
  < LLAVE_IZQ > (metodo())+ < LLAVE_DER >
}

public static void main(String args [])
{
  try
  {
    MiniLenguaje analizador = new MiniLenguaje(System.in);
    analizador.programa();
    System.out.println("Analizado correctamente");
  }
```

Sintaxis - Java CC Template File

- Si la entrada va a proceder de un fichero de texto es recomendable que la última etiqueta sea **<EOF>**

- En nuestro caso **NO** es necesario, la entrada procederá de la consola (System.in)

```
void programa() :
{
}
{
  < CLASE > < IDENTIFICADOR >
  < LLAVE_IZQ > (metodo())+ < LLAVE_DER > < EOF >
}
```

Probando el analizador

- Para generar el código java del analizador debemos pulsar con el botón derecho sobre el fichero **MiniLenguaje.jj** y seleccionar la opción *"Compile With JavaCC"*

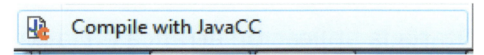

- De manera automática se generarán una serie de clases Java.

```
▲ 🐱 MiniLenguaje
  ▲ 🗁 src
    ▲ 🎛 (default package)
      ▷ 🗾 MiniLenguaje.java <MiniLenguaje.jj>
      ▷ 🗾 MiniLenguajeConstants.java <MiniLenguaje.jj>
      ▷ 🗾 MiniLenguajeTokenManager.java <MiniLengu:
      ▷ 🗾 ParseException.java <MiniLenguaje.jj>
      ▷ 🗾 SimpleCharStream.java <MiniLenguaje.jj>
      ▷ 🗾 Token.java <MiniLenguaje.jj>
      ▷ 🗾 TokenMgrError.java <MiniLenguaje.jj>
    🗋 MiniLenguaje.jj
  ▷ 🗾 JRE System Library [JavaSE-1.7]
```

Probando el analizador

- La clase **MiniLenguaje.java** contiene el método main que declaramos en la plantilla JavaCC (Run as -> Java Application)

- Al ejecutarla la aplicación arranca en la consola del Eclipse

- Introducimos por **consola** la cadena (**NO** en la JavaCC Console)

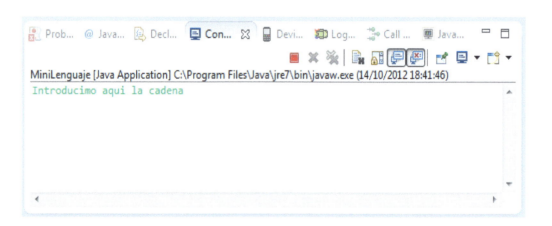

Probando el analizador

- Introducimos el código de los programas *MiniLenguaje1_1.txt* , *MiniLenguaje1_2.txt* y *MiniLenguaje1_3.txt*

```
Clase identificador1 {
        metodo metodo1 {
                decimal mi_decimal = 4.4;
                entero mi_entero = 55;
        }
}CLASE
IDENTIFICADOR
LLAVE_IZQ
METODO
IDENTIFICADOR
LLAVE_IZQ
DECIMAL
IDENTIFICADOR
ASIGNACION
VALOR_DECIMAL
FIN_SENTENCIA
ENTERO
IDENTIFICADOR
ASIGNACION
VALOR_ENTERO
FIN_SENTENCIA
LLAVE_DER

LLAVE_DER
Analizado correctamente
```

Probando el analizador

- Introducimos un error en alguno de los programas para observar la gestión de la excepción

```
Clase identificador1 {
        metodo metodo1 {
                decimal mi_decimal = 4.4
                entero mi_entero = 55;
        }
}CLASE
IDENTIFICADOR
LLAVE_IZQ
METODO
IDENTIFICADOR
LLAVE_IZQ
DECIMAL
IDENTIFICADOR
ASIGNACION
VALOR_DECIMAL
ENTERO
Error: Encountered " "entero" "entero "" at line 4, column 17.
Was expecting:
    ";" ...
```

Falta un ;

Token

- Clase auto-generada por JavaCC
- Define una pieza de la sintaxis
- Algunos de los atributos de la clase Token:

Atributo	Definición
Int kind	ID / Tipo , representación interna
String image	Contenido del Token
Int beginLine	Línea de inicio
int beginColumn	Columna de inicio
int endLine	Línea de final
int endColumn	Columna de final

Token

- Podemos acceder a los atributos de los objetos tokens desde las clases java.

```
TOKEN : /* CLASE y METODO */
{
  < CLASE : "Clase" >
  {
    System.out.println("CLASE " + image);
  }
| < METODO : "metodo" >
  {
    System.out.println("METODO" + image);
  }
}
```

Declaración TOKEN
Estoy dentro del objeto Token
Accedo al atributo image

Token

- **Probamos de nuevo el analizador**

```
Clase identificador1 {
        metodo metodo1 {
                entero mi_entero = 55;
        }
}CLASE Clase
IDENTIFICADOR identificador1
LLAVE_IZQ {
METODO metodo
IDENTIFICADOR metodo1
LLAVE_IZQ {
ENTERO entero
IDENTIFICADOR mi_entero
ASIGNACION =
VALOR_ENTERO 55
FIN_SENTENCIA ;
LLAVE_DER }
```

Valores de los Tokens

Token

- Podemos acceder a los objetos tokens desde las reglas de producción sintáctica

```
void sentencia() :
{
    Token t = null;
}
{
    < DECIMAL > < IDENTIFICADOR > < ASIGNACION > < VALOR_DECIMAL > < FIN_SENTENCIA >
    |
    < ENTERO > t = < IDENTIFICADOR > < ASIGNACION > < VALOR_ENTERO > < FIN_SENTENCIA >
    {
        System.out.println("Identificador del atributo:" + t.image);
    }
}
```

1. Zona de declaración de objetos Java

2- Asignación Token

3. Código Java

Token

- A continuación vamos a meter los identificadores de los métodos en una tabla Hash.

- Creamos la clase **Declaraciones.java**

```java
import java.util.HashMap;
import java.util.Map.Entry;

public class Declaraciones {
    private static HashMap<String, String> declaraciones = new HashMap<String, String>();

    public static void insertarDeclaracion(String id, String tipo) {
        declaraciones.put(id, tipo);
    }

    public static void imprimirDeclaraciones(){
        for (Entry<String, String> entry : declaraciones.entrySet()) {
            System.out.println(entry.getKey() + "[" + entry.getValue() + "]");
        }
    }
}
```

Token

- Modificamos la plantilla JavaCC para que cada vez que se analice un método se añada la información a la tabla hash.

```
void metodo() :
{
  Token tipo = null;
  Token id = null;
}
{
  tipo = < METODO > id = < IDENTIFICADOR >
  < LLAVE_IZQ >( sentencia() )* < LLAVE_DER >
  {
    Declaraciones.insertarDeclaracion(id.image, tipo.image);
  }
}
```

Token

- Finalmente añadimos una llamada al método **imprimirDeclaraciones()** de la clase Declaraciones.

```
class MiniLenguaje
{


    public static void main(String args [])
    {
        try
        {
            MiniLenguaje analizador = new MiniLenguaje(System.in);
            analizador.programa();
            System.out.println("Analizado correctamente");
            Declaraciones.imprimirDeclaraciones();
        }
        catch (ParseException e)
        {
            System.out.println("Error: "+e.getMessage());
        }
    }
}
```

Analizador Semántico

- **Analizador semántico**

  - Se encarga de revisar las reglas semánticas

  - Suele verificar tipos y expresiones (compatibilidades)

int contador = 55 ;

contador = 4 ;

Correcto

int contador = 5;

contador = 5 + 5.5;

Incompatibilidad

Analizador Semántico

- La plantilla JavaCC no ofrece soporte automático a la implementación de analizadores semánticos

- Se puede implementar de manera manual añadiendo código java a los analizadores

- Añadiremos al **MiniLenguaje** una validación que lance una excepción cuando se declare un método con un identificador que ya había sido usado.

Validación

- Añadiremos al **MiniLenguaje** una validación que lance una excepción cuando se declare un método con un identificador que ya había sido usado.

- Creamos la excepción **ExceptionVariableExistente**

```
public class ExceptionNombreReplicado extends Exception {

    private static final long serialVersionUID = 1L;

    public ExceptionNombreReplicado(String msg) {
        super(msg);
    }

}
```

Validación

- Lanzamos la excepción cuando se trata de insertar una declaración en la clase **Declaraciones** y la ID esta replicada.

```java
public static void insertarDeclaracion(String id, String tipo)
        throws ExceptionNombreReplicado {

    if (declaraciones.containsKey(id)) {
        throw new ExceptionNombreReplicado(
                "Ya existe un método con el nombre: " + id);
    }

    declaraciones.put(id, tipo);
}
```

Validación

- Modificamos los métodos de la plantilla JavaCC que intervienen en la gestión de la nueva excepción.

```
void programa() throws ExceptionNombreReplicado:
{
}
{
  < CLASE > < IDENTIFICADOR >
  < LLAVE_IZQ > (metodo())+ < LLAVE_DER >
}

void metodo() throws ExceptionNombreReplicado:
{
  Token tipo = null;
  Token id = null;
}
{
  tipo = < METODO > id = < IDENTIFICADOR >
  < LLAVE_IZQ >( sentencia() )* < LLAVE_DER >
  {
    Declaraciones.insertarDeclaracion(id.image, tipo.image);
  }
}
```

92

Validación

- Incluimos la gestión de la excepción en el método main

```java
public static void main(String args [])
{
  try
  {
    MiniLenguaje analizador = new MiniLenguaje(System.in);
    analizador.programa();
    System.out.println("Analizado correctamente");
    Declaraciones.imprimirDeclaraciones();
  }
  catch (ParseException e)
  {
    System.out.println("Error: " + e.getMessage());
  }
  catch (ExceptionNombreReplicado e)
  {
    System.out.println("Error: " + e.getMessage());
  }
}
```

93

Validación

- Si analizamos un programa que tenga dos métodos con el mismo nombre se producirá una excepción

```
FIN_SENTENCIA ;
LLAVE_DER }
METODO metodo
IDENTIFICADOR metodo1
LLAVE_IZQ {
ENTERO entero
IDENTIFICADOR contador
ASIGNACION =
VALOR_ENTERO -1
FIN_SENTENCIA ;
LLAVE_DER }
Error: Ya existe un método con el nombre: metodo1
```

MiniLenguaje 2.0

```
1    Clase identificador1 {
2
3        metodo metodo1 {
4
5            entero mi_entero = 5+6;
6
7            entero mi_entero2 = (5+6);
8
9        mi_entero2 = 5 + mi_entero ;
10
11       mi_entero2 = 5 + ( 6 + mi_entero) ;
12       }
13
14   }
```

Eliminamos el tipo decimal

Añadimos asignaciones

Añadimos La operación +

95

MiniLenguaje 2.0

```
1    Clase identificador1 {
2
3        metodo metodo1 {
4
5            entero mi_entero = 5+6;
6
7            entero mi_entero2 = (5+6);
8
9        mi_entero2 = 5 + mi_entero ;
10
11       mi_entero2 = 5 + ( 6 + mi_entero) ;
12       }
13
14   }
```

MiniLenguaje 2.0

Token Suma

Lexicografía - Java CC Template File

- **Suma**

```
TOKEN : /* operadores..*/
{
  < SUMA : "+" >
  {
    System.out.println("SUMA " + image);
  }
| < ASIGNACION : "=" >
  {
    System.out.println("ASIGNACION " + image);
  }
| < FIN_SENTENCIA : ";" >
  {
    System.out.println("FIN_SENTENCIA " + image);
  }
}
```

- No definimos los Token "**(**" ni "**)**" los utilizaremos de forma anónima (Como literales en las reglas de producción)

Sintaxis - Java CC Template File

MiniLenguaje 2.0

```
1   Clase identificador1 {
2
3       metodo metodo1 {
4
5           entero mi_entero = 5+6;
6
7           entero mi_entero2 = (5+6);
8
9           mi_entero2 = 5 + mi_entero ;
10
11          mi_entero2 = 5 + ( 6 + mi_entero) ;
12      }
13
14  }
```

expresión

término

Lexicografía - Java CC Template File

- **Término** de una expresión
    - 1 + 1
    - 1 + id1
    - 1 + (1 + id1)
    - 1+ (1 + (1 + id1))

```
void termino() :
{}
{
  < VALOR_ENTERO > | < IDENTIFICADOR > | "(" expresion() ")"
}
```

Token anónimo

Lexicografía - Java CC Template File

- **Expresión**

```
void expresion() :
{}
{
    termino() < SUMA > termino() | termino()
}
```

Ambigüedad

VALOR_ENTERO
IDENTIFICADOR
expresion()

Lexicografía - Java CC Template File

- **Expresión**

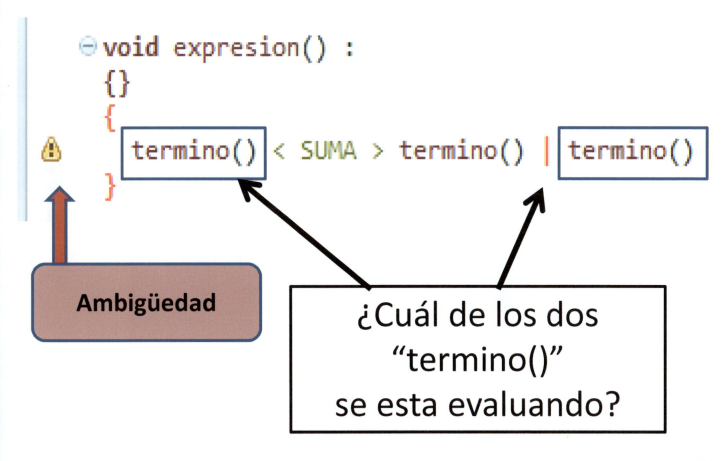

```
void expresion() :
{}
{
    termino() < SUMA > termino() | termino()
}
```

Ambigüedad

¿Cuál de los dos
"termino()"
se esta evaluando?

Lookahead

- Por defecto JavaCC utiliza gramáticas **LL(1)**

- Ofrece la posibilidad de modificar el lookahead , el número de tokens a analizar antes de tomar una decisión.

- Por ejemplo a dos, de esta manera permite manejar gramáticas de orden superior.

```
options {
        LOOKAHEAD = 2;
}
```

- Aunque esta alternativa no es demasiado eficiente...

Lookahead

- Como los conflictos suelen aparecer en puntos concretos se puede añadir un Lookhead local únicamente en aquellas reglas sintácticas que lo necesiten.

```
void expresion() :
  {}
  {
```

Warning: Choice conflict involving two expansions at
line 153, column 4 and line 153, column 35 respectively.
A common prefix is: "(" <VALOR_ENTERO>
Consider using a lookahead of 3 or more for earlier expansion.

Warning: Choice conflict involving two expansions at
line 153, column 4 and line 153, column 35 respectively.
A common prefix is: "(" <VALOR_ENTERO>
Consider using a lookahead of 3 or more for earlier expansion.

Sugerencia

Lookahead

```
void expresion() :
{}
{
  LOOKAHEAD(6) termino() < SUMA > termino() | termino()
}
```

- LOOKAHEAD MiniTutorial
  http://javacc.java.net/doc/lookahead.html

Lexicografía - Java CC Template File

- Modificamos **sentencia**, ahora pueden ser de dos tipos
    - Declaraciones   entero a = 4;
    - Asignaciones   a = 4;

```
void sentencia() :
{}
{
    ( declaracion() | asignacion() )
}
```

Lexicografía - Java CC Template File

- **asignación y declaración**

```
void declaracion () :
 {}
 {
   < ENTERO > < IDENTIFICADOR > < ASIGNACION >  expresion() < FIN_SENTENCIA >

 }

void asignacion() :
 {}
 {
   < IDENTIFICADOR > < ASIGNACION > expresion() < FIN_SENTENCIA >
 }
```

Otras funcionalidades: Tokens Internos

- **Tokens internos**: se definen utilizando #

- Solo pueden utilizarse en la lexicográfica

- Sirven para mejorar el mantenimiento y la comprensión

```
TOKEN : /* VALORES */
{
  < #DIGITO : ([ "0"-"9" ])+ >
| < #LETRA : ([ "a"-"z", "A"-"Z", "_" ])+ >
| < VALOR_ENTERO : ("-")? (< DIGITO >)+ >
| < VALOR_DECIMAL : ("-")? (< DIGITO >)+ "." (< DIGITO >)+ >
}
```

www.ingramcontent.com/pod-product-compliance
Lightning Source LLC
Chambersburg PA
CBHW041420050326
40689CB00002B/581